10歳からの生きる力をさがす旅①

いのちってなんだろう

文 波平恵美子
絵 塚本やすし

出窓社

◆もくじ◆

1

ペットが教えてくれるもの

飼《か》っていたペットが死ぬのはいやです。
家に帰ると尾《お》をふって、とびはねながら走り寄《よ》ってくる犬を見ると、
毎日のことなのに、なにがこんなにうれしいのだろうかと思います。
こんなにも私を好《す》いてくれるのはこの犬だけで、
お父《とう》さんやお母《かあ》さんよりも私を愛《あい》してくれているんだと思われて、
幸《しあわ》せな気分になります。

そんな飼《か》い犬が死んでしまうと、
つらくてつらくて、
しばらくは、ごはんを食べても味《あじ》が感じられなくなったり、
犬の臭《にお》いが残っている首輪《くびわ》や毛布《もうふ》や犬小屋を見るたびに
涙《なみだ》が出てしまいます。

悲《かな》しい思いをするのはいやだから、
決してペットは飼《か》わないことにしているという人もいます。
でも、ペットが人間より長生きして、
八十年も九十年も生き続けたらどうでしょう。
飼い主が死んだあと、
エサを与《あた》えてくれる人もブラッシングしてくれる人も、
声《こえ》をかけたりなでてくれる人もいなくなったペットほど、

かわいそうなものはありません。
だから、ペットになっている動物は、人間よりはるかに寿命《じゅみょう》が短いのです。
病気やけがで死ななくても、
大切《たいせつ》に大切に育てたとしても、
もともと人間より、
はるかに寿命の短い動物がペットとして飼《か》われることが多いので、
ペットは飼い主より長生きすることがほとんどありません。

そこで、飼《か》い主は、かわいがっていた犬が死んだり、
猫《ねこ》が死んだりする悲しい目にあわなければならなくなります。
もしかしたら、ペットを飼うということは、
その動物の一生を丸ごと抱《かか》えこむことを
意味するのかもしれません。

東京のＪＲ《ジェイアール》渋谷《しぶや》駅《えき》の前に「忠犬《ちゅうけん》ハチ公《こう》」と呼《よ》ばれる犬の銅像《どうぞう》があります。
いま建《た》っているのは二代目です。
シバ犬ですからそれほど大きくありませんし、
どこといって変わったところのない犬の像です。
なぜ銅像まで建てられたのかといえば、
この犬は帰ってこない飼い主を毎日駅まで迎《むか》えに行って、
死ぬまでそれを続けたからです。

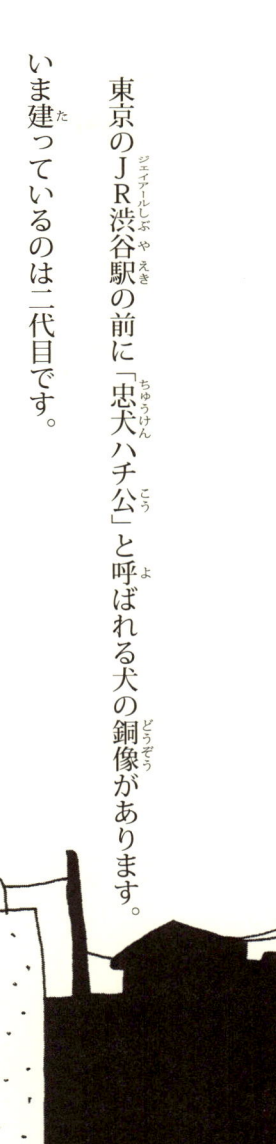

ハチ公《こう》は、毎朝、飼《か》い主の主人《しゅじん》と一緒《いっしょ》に駅《えき》まで行き、主人が帰るころ駅まで迎《むか》えに行って一緒に家に帰るのを日課《にっか》のようにしていました。

ところがある時、主人が病気になり病院で亡《な》くなってしまったのです。

それでもハチ公は毎日夕方になると駅まで行って主人をしばらく待ち、帰ってこないことがわかると家へひとりで帰っていきました。

やがて、渋谷駅《しぶやえき》を通る人びとの間でそれが知られるようになり、

ハチ公《こう》が死んだ後「忠犬《ちゅうけん》ハチ公」の像が建《た》てられたのです。

「忠犬」というのは「忠実《ちゅうじつ》な犬」

つまり「主人《しゅじん》に死ぬまでつくす犬」という意味です。

ハチ公が主人を渋谷駅で待っている姿を、

毎日のように見ていたという人から話を聞いたことがあります。

通る人はハチ公に「ご主人はもう帰ってこないんだから家へお帰り」

と言い聞かせることもあれば、

遠くからじっと見つめる人もいれば、そっとなでていく人もいたそうです。
ハチ公《こう》の姿《すがた》を見ると、人はそれぞれなにかを感じないではいられなかったようです。
この話をしてくれた人も、ハチ公を見ると思わず涙《なみだ》が出たと言っていました。

ハチ公の姿がそんなにも人びとの関心《かんしん》をひいたのは、
多くの人は、ハチ公に自分の気持ちを置きかえて、
「必ず帰ってくると信じている」そんないちずで疑《うたが》わない気持ちに
心を打《う》たれたのでしょう。

また、犬とちがって人間は、
ハチ公《こう》の願《ねが》いが決してかなえられないということも知っていたからでしょう。
さらには、そんなにも忠実《ちゅうじつ》な犬を残して死んでいった飼《か》い主への同情《どうじょう》も
あったのかもしれません。

「ビクターの犬」という、白い体に黒い耳のフォックス・テリア犬が、
スピーカーに向かって首をかしげている写真や置物《おきもの》を見たことはありませんか。
ビクターという蓄音機《ちくおんき》（レコード・プレイヤー）の会社の広告《こうこく》に使われている

ものですが、そのいわれは、
死んでしまった飼《か》い主の声が録音《ろくおん》されたレコードの音を、
犬が不思議《ふしぎ》そうに聞いているという想定《そうてい》なのです。
本当にあった話とも伝えられています。
忠犬《ちゅうけん》ハチ公《こう》と同じように、かわいがってくれた飼い主を失った犬、
しかもそれを理解《りかい》できない（と人間は思っています）犬に、
人は思わず心を打《う》たれるようです。

ハチ公《こう》やビクターの犬が話題《わだい》になり、
人びとの関心《かんしん》をひいてやまないのは、
このような例《れい》がめったに起こらず、
ほとんどの場合《ばあい》は、飼《か》い主がペットの死をみとり、
その死体を埋葬《まいそう》し、しばらくはその死を悲しみ、
かわいらしかった様子《ようす》をなつかしく思うからでしょう。

その反対のことが起きたとき、
人はさまざまなことを思うらしいのです。
ペットが死ぬのは悲《かな》しいから決して飼《か》わないという人もいれば、
飼って、死なれて、そしてまた飼うことを何度もくり返す人もいます。
そのどちらの人も、ペットを飼う喜《よろこ》びと死なれる悲しみを通して、
「いのち」というものの素晴《すば》らしさを味わっているのかもしれません。

「自分より早く死ぬ」ことを知っているからこそ、

飼《か》い主はペットをいっそうかわいいと思うのです。

人間は自分の生まれてから死ぬまでの一生《いっしょう》のすべてを知ることはできません。

でも、自分のペットの一生をそっくり見ることを通して、

「いのち」について考えることができるのです。

2

いのちはあなただけのものではありません

現在《げんざい》では、幼《おさな》い子どもはほとんど死にません。
千人生まれた子どもが、三歳《さい》になるまでに死ぬのは一・五人ほどです。
それが今から八十年くらい前には、
千人生まれると百九十人近くが死にました。
五人生まれると一人が死ぬ割合《わりあい》です。
昔《むかし》は、本当に子どもは死にやすかったのです。

四十五年くらい前のことですが、

私は、四国《しこく》の村で「鉄吾《てつご》」という名前のおじいさんに会ったことがあります。

七十歳《さい》を越していましたが、体格《たいかく》も立派《りっぱ》で力も強く、本当に丈夫《じょうぶ》なおじいさんでした。

私がそのことを言うと

「当たり前だ。わしは十六人分のいのちで生きているんだ」と答えました。

その意味をたずねると、

自分の生まれる前に十五人の兄《あに》や姉《あね》が生まれたそうだが、

みんな生まれるとすぐに死んでしまった。

両親《りょうしん》はこの子だけは丈夫《じょうぶ》に育ってもらいたいという願《ねが》いをこめて、

「鉄のような強い子」という意味の「鉄吾《てつご》」という名にしたと言うのです。

鉄吾じいさんの言う「十六人分のいのち」というのは、

おじいさんのたとえ話ではありませんでした。

おじいさんも、この村のほかの人たちも、幼《おさな》い子どもが死ぬと、
そのいのちは次に生まれてくる子のいのちと同じであると考えていました。

こうした考え方は、この村や地方だけでなく、
ある時期《じき》まで日本中に広がっていたようです。
戸籍《こせき》という大切《たいせつ》な記録《きろく》があります。

一人ひとりにとっては、
自分が何者であるかを証明《しょうめい》するための基本《きほん》となる公《おおやけ》の記録です。

日本の国にとっては、
日本国がどんな人びとからできているかを知る手掛《てがか》かりになるので、
やはり国にとっても戸籍《こせき》は大切《たいせつ》なものです。
四十五年前には、研究のためであれば役場《やくば》の人が見せてくれました。
今では、他人《たにん》が見ることは絶対《ぜったい》に許《ゆる》されなくなっています。
その戸籍に、何人も続けて、同じ名前が出てくることを見つけました。

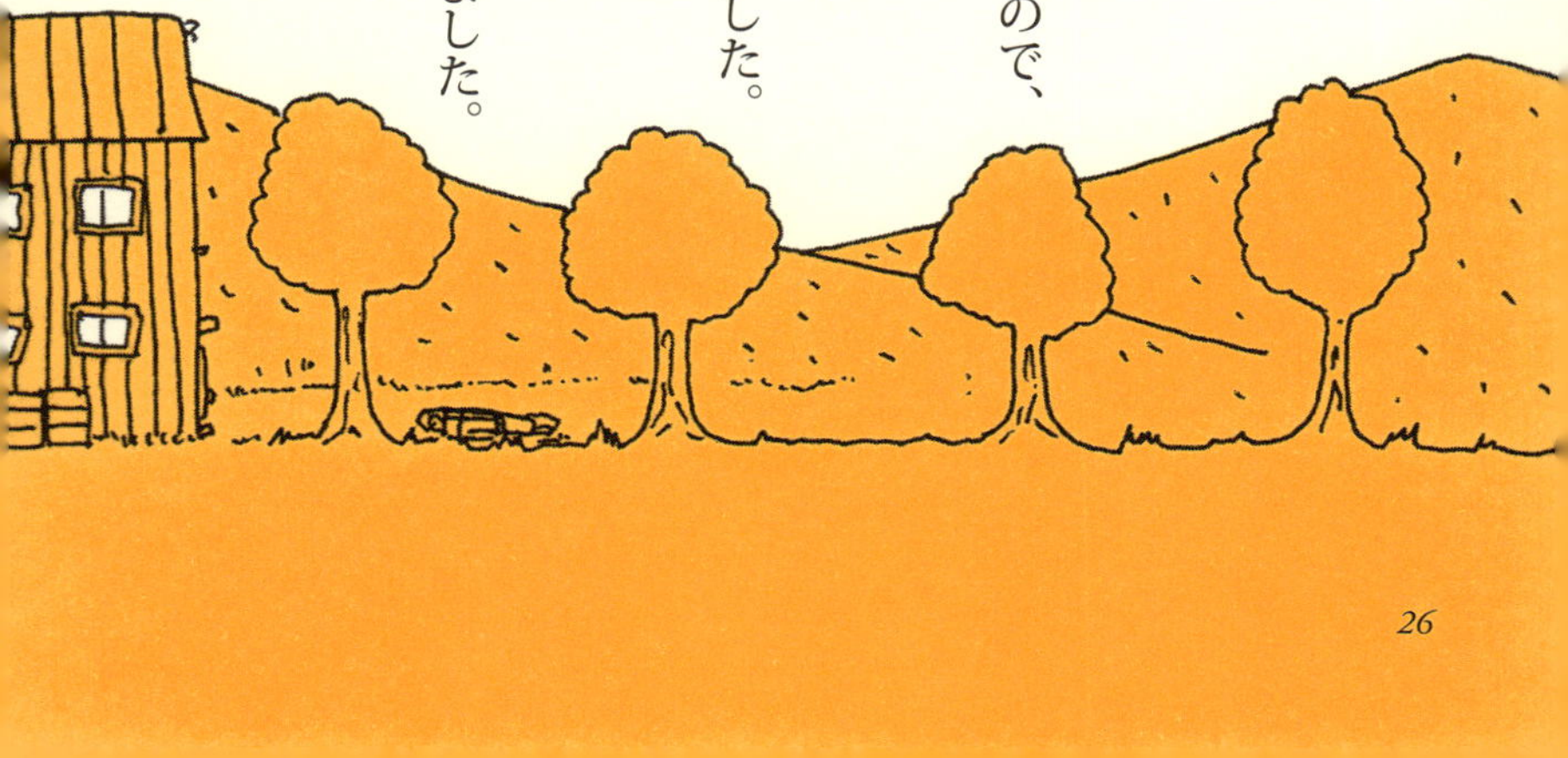

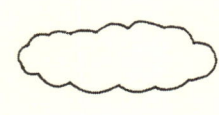

赤ん坊《ぼう》が生まれ、名前が決まると
役場《やくば》に「出生届《しゅっせいとど》け」を出します。
その子の名前は、生まれた日付《ひづけ》と共に戸籍《こせき》に記《しる》されます。
その子が死ぬと、その名前の上に大きく×印《バツじるし》がつけられます。
ところが、同じ家族の戸籍の中に、同じ名前が並んでいて、
そのうえに全部×印がついたものを見つけました。
死んだあとに生まれた子に、死んだ子と同じ名前をまたつけたのです。

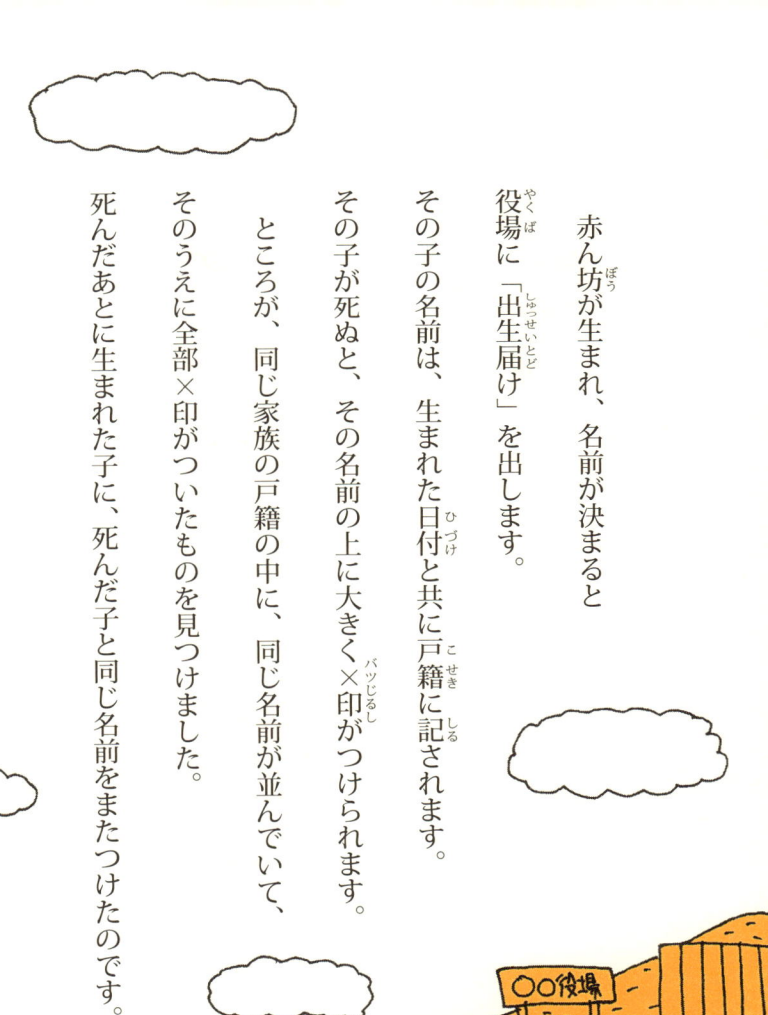

それを四度もくり返した両親《りょうしん》もいました。

これはおそらく、

次《つぎ》に生まれた子は前の子と、

その前の前の子のいのちを引き継《つ》いでいると考えたのではないでしょうか。

鉄吾《てつご》じいさんの「わしは十六人分のいのちを生きている」

というのはそのようなことを言ったのでしょう。

七歳《さい》（現在の年齢《ねんれい》の数え方では五歳）にならないうちに死んだ子は、
墓地《ぼち》にその死体《したい》を埋《う》めないで、
屋敷《やしき》の中に埋める地方もあったそうです。
火葬《かそう》にした骨《ほね》をつぼに入れて、
それをいろりを囲《かこ》む木の枠《わく》の外側の土の中に
埋めるところもありました。

すぐにまた、生まれかわって欲《ほ》しいと
親たちが願《ねが》って、そのようにしたのです。
幼《おさな》い子を亡《な》くした親を、まわりの人たちは
「あまり泣いてはいけないよ。
そうすると死んだ子が本当にあの世に行ってしまって、
すぐに生まれかわってこれなくなってしまうよ」
となぐさめたそうです。

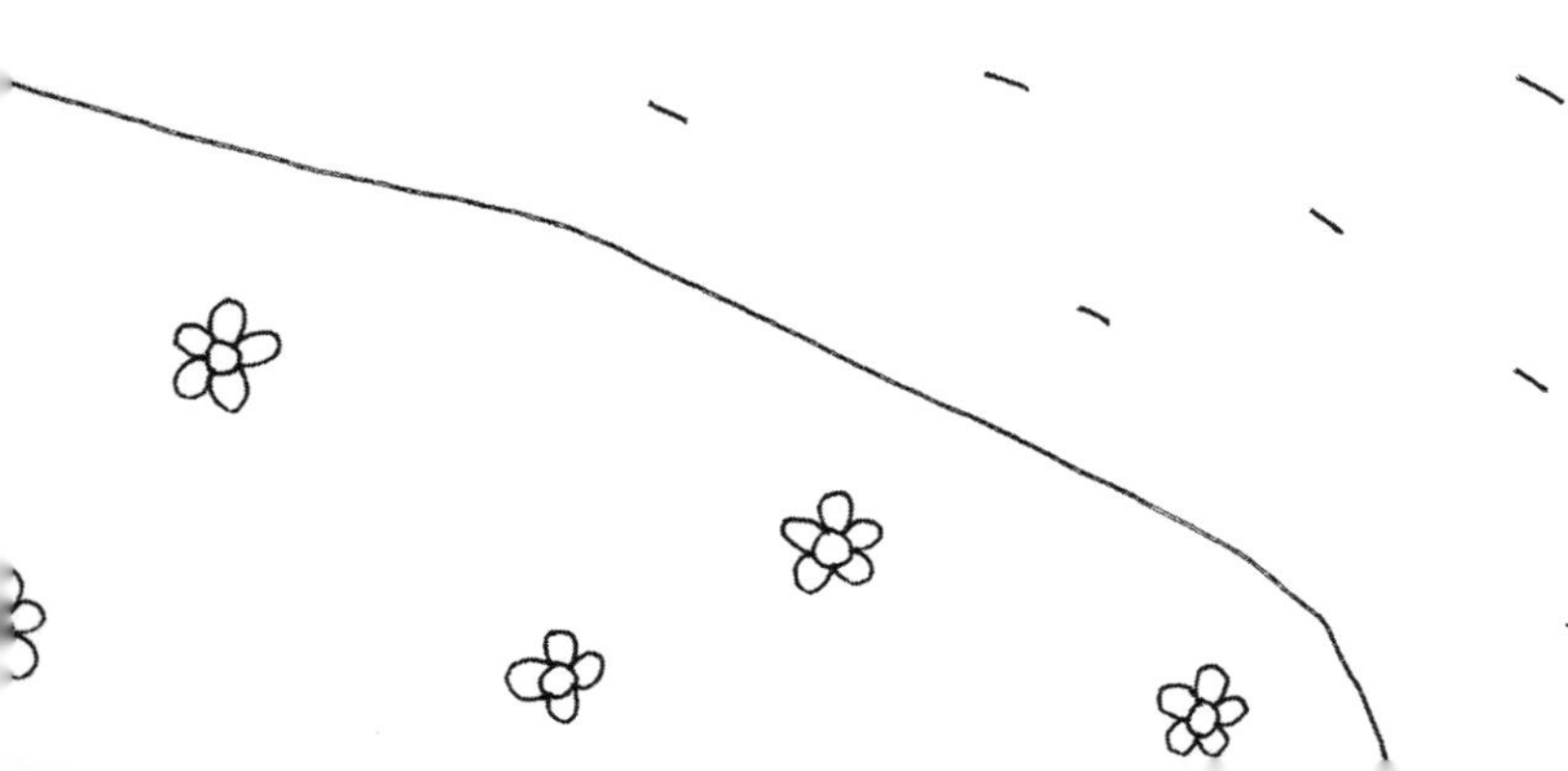

子どもがあっけなく死んでいった時代だからこそ、
死んでもすぐに生まれかわると信じて、
親たちはなぐさめられていたのかもしれません。
現在では、子どもはめったに死にません。
生まれた赤ん坊《ぼう》が、男なら七十八歳《さい》近くまで、
女なら八十六歳近くまで生き続けます。

子どものうちに死んでしまうと、親はもちろん周囲《しゅうい》の人びとも、「なにかの事故《じこ》で死んでしまったのだろうか」と思ったり、お腹《なか》の中にいるとき、薬《くすり》や食物や大気汚染《たいきおせん》やその他の影響《えいきょう》が働いて、赤ん坊《ぼう》に重大な欠陥《けっかん》を与《あた》えたのではないかと思ってしまいます。

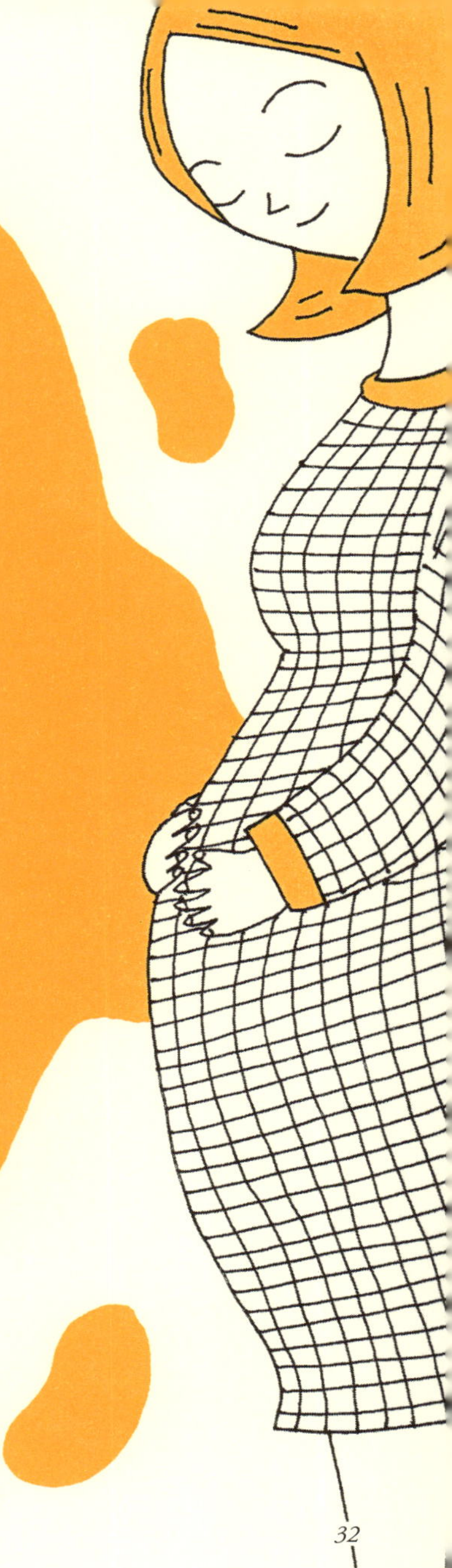

「一人で十六人分のいのちをもらった」と信じている
鉄吾《てつご》じいさんのお兄《にい》さんやお姉《ねえ》さんに当たる赤ちゃんたちは、
たぶん、血液型《けつえきがた》不《ふ》整合《ごうせい》という症状《しょうじょう》で死んだのだと思います。

両親《りょうしん》はそのことを悩《なや》んで、

あちこちのお寺《てら》やお宮《みや》に願《がん》をかけたり、

占《うらな》い師《し》に占《うらな》ってもらったり、

さまざまのことをしたそうです。

子どもが生まれるとすぐに死んでしまう原因《げんいん》について、

占い師などに、

どのように教えられたのかは、 わかりません。

でも、嘆《なげ》き悲しむ親たちが「いつかは丈夫《じょうぶ》に育《そだ》つ子が生まれる」と信じて、

養子《ようし》ももらわなかったことから考えると、

当時としては、それなりに納得《なっとく》できるような理由を教えられていたのでしょう。

赤ん坊《ぼう》が死ななくなった現在、死んだ子どもは、

次の子どもになって生まれかわってくるとか、

次に生まれた子どもは、

前の子どもと二人分のいのちをもらっているとかいう考え方もなくなりました。

どんなに小さくても、
生まれてすぐの赤ん坊《ぼう》でも、
その子のいのちはその子だけものと考えるようになっています。
でも、時には、自分のいのちは
自分ひとりのものではないのではないだろうか、
と考えてもいいのではないでしょうか。

3

「生きている」ことと「死んだ」こと

ある男の子のおばあさんが亡《な》くなりました。

おばあさんは、三年間も寝《ね》たきりでした。病室《びょうしつ》でのおばあさんは、目をつぶり、

口を少し開《ひら》いて、いくら男の子が大声で「おばあちゃん」と呼《よ》びかけても、

目を開かず自分の方に向《む》いてもくれず、

身体《からだ》には何本もの細《ほそ》いビニールの管《くだ》がついていていました。

お母《かあ》さんの話では、「植物状態《しょくぶつじょうたい》」だったそうです。

「植物状態」は死んだことをいうのかと思っていた男の子は、

おばあちゃんが「死んだ」といわれても、なんのことか少しもわかりませんでした。

でも、お葬式《そうしき》が終わって火葬場《かそうば》におばあさんが入っているお棺《かん》を運び、そこで大きなオーブンのようなものに入れた時、「植物状態《しょくぶつじょうたい》」と「死んだ」ことの間には、ちがいがあるのだということが少しわかりました。

火葬場の待合室《まちあいしつ》で、家から持ってきたお弁当《べんとう》を、みんな黙《だま》りこくって食べました。

「人が火葬されている時には、少しでもいいから食べておきなさい。

そのほうが亡《な》くなった人は喜《よろこ》ぶのだから」と親類《しんるい》のおじさんで、
おばあさんのいとこだという人が言うので、
男の子も食べたくないけれど、お弁当《べんとう》を少し食べました。
二時間ほどたって、火葬場《かそうば》の人が呼《よ》びにきたので行ってみると、
ベッドのような台の上におばあさんの骨《ほね》が、身体《からだ》の形のとおり、
上から頭の骨、胸《むね》、腰《こし》、足とありました。
男の子は「おばあちゃんがこんなになっちゃった」と大声で叫《さけ》びたかったのですが、

お父《とう》さんもお母《かあ》さんも、他《ほか》の人たちもなにも言わないので、
叫《さけ》びたいのを一生懸命《いっしょうけんめい》がまんし、大人《おとな》のするとおり、
お箸《はし》で骨《ほね》をそっとつまみ上げて、
足の指《ゆび》の骨、足の骨、腰《こし》の骨というように、
少しずつ取り上げて、壺《つぼ》に入れました。
最後に「ノドボトケ」という骨を頭の骨の上に置いて壺を閉《し》めました。
「おばあちゃんが壺の中に入っちゃった」と思いました。

家に帰ると、白い木で作られた棚《たな》に骨の入った壺《つぼ》を飾《かざ》り、皆で線香《せんこう》をあげました。「おばあちゃんにお祈《いの》りしなさい」とお母《かあ》さんから言われ、大人《おとな》がするとおりにしましたが、男の子にはどうしても「おばあちゃんが死んだ」ということがよくわかりません。

わかっているのは、おばあさんが三年間入院していた病院《びょういん》へ行っても、
おばあちゃんの身体《からだ》はもうそこにはないということ、
そして、その身体は焼《や》かれて骨《ほね》になって、家の中の、
あの小さな壺《つぼ》の中に入っているということだけでした。

男の子にとって、おばあさんはとても大切《たいせつ》な人でした。

お父《とう》さんもお母《かあ》さんもたいへん忙《いそが》しく、朝早く家を出て、夜遅《おそ》く帰ってきました。

家の近くで食堂《しょくどう》を開いているので、学校の帰りにお店に寄《よ》ることはありましたが、いつも忙しそうなので、二人の姿《すがた》を見て安心すると、なにも言わずにそのまま家に帰りました。

帰ると、おばあさんは大声で「お帰り、手を洗《あら》っておやつをおあがり」と言ってくれました。

おやつを食べている間じゅう、おばあさんは、ニコニコして見ていますが、

食べ終わると、その日学校であったことをいろいろ聞きたがりました。

おばあちゃんは、家が貧《まず》しくて、
小学校を三年生の時にやめてしまったので、
学校のことを知りたくてたまらないのだと男の子に言いました。
漢字や算数のかけ算も男の子から教えてもらいながら一緒《いっしょ》に宿題《しゅくだい》もして、
お互《たが》いに答えを見比《みくら》べたりしました。食事の準備、掃除《そうじ》、洗濯《せんたく》、
なんでもお母《かあ》さんの代わりに、テキパキと働いていました。
夜遅《おそ》く帰ってきたお父さんの肩《かた》をもんであげることもありました。

ある日、お母《かあ》さんが真《ま》っ青《さお》な顔をして学校に男の子を迎《むか》えに来ました。
「おばあちゃんが倒《たお》れた。すぐ病院《びょういん》へ行こう」と言い、
男の子の腕《うで》を引っ張って廊下《ろうか》をどんどん歩いていきました。
お母さんの手がブルブル震《ふる》えていました。
おばあさんは、まるで死んでいるかのようにまったく動きません。
お母さん、お父さん、男の子の三人で「おばあちゃん、目を開《あ》けて」と
叫《さけ》んだのですが、目を開けてくれません。お医者さんも看護士《かんごし》さんもなにも言わず、

忙《いそが》しそうにおばあさんの身体《からだ》をいじっているのですが、
それでも、おばあさんは身動《みうご》きしません。
三年間、男の子は毎日病院《びょういん》へ行き、ベッドの側《そば》に坐《すわ》っておばあさんの顔を見て、
手を握《にぎ》って、心の中でその日あったことをおばあさんに話して聞かせました。
看護士《かんごし》さんは「大きな声で話してあげなさい。
おばあさんには聞こえているのよ」と言うのですが、
周《まわ》りの人に聞かれるのが恥《は》ずかしくて、心の中で話し続けました。

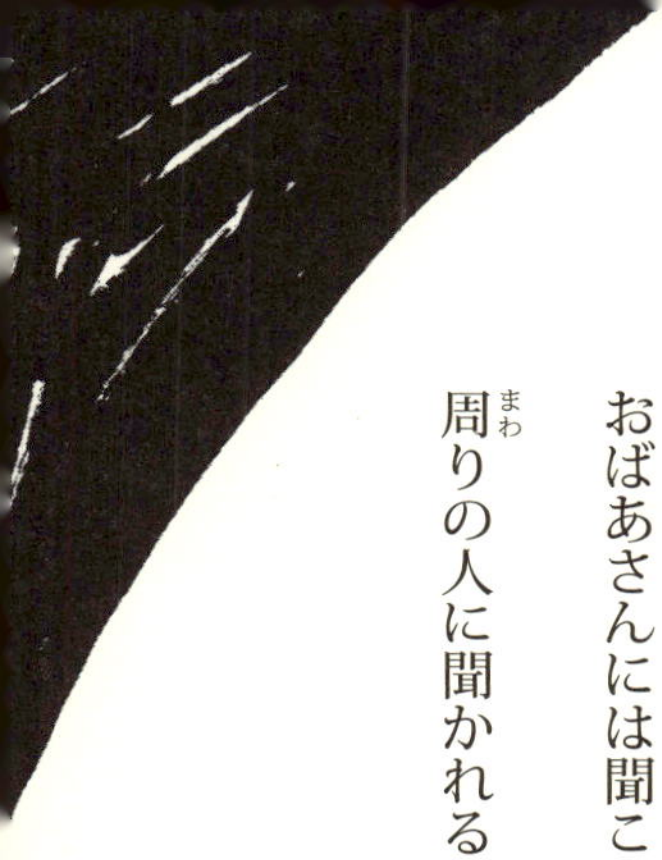

初めは、血色《けっしょく》のよかったおばあさんの顔がだんだん灰色《はいいろ》になり、
手のひらには肉《にく》がなくなって、指《ゆび》が細《ほそ》くなりました。
身体《からだ》は小さくなりました。でも、呼吸《こきゅう》をしていて、
手を握《にぎ》ると暖《あたた》かいので「生きている」と思うのですが、
それでも、まったくなんの返事《へんじ》もしてくれないし、動かないし、
だんだん「本当に生きているのかなあ」
と思われるようになってきました。

お父《とう》さんもお母《かあ》さんも、二、三週間に一度しか病院《びょういん》へ来なくなり、
男の子が代わりに洗濯物《せんたくもの》を持って帰ることや
寝《ね》まきを病院《びょういん》へ持って行く役目をするようになりました。
だんだんと、心の中で、学校の話をすることもなくなりました。
ある時期《じき》から、男の子は
「おばあちゃんはもう死んでいる」と思うようになりました。
手を握《にぎ》るのも、だんだん恐《こわ》くなりました。

そしてある日、学校から帰ると、
お母《かあ》さんが「おばあちゃんが死んだ」と言ったのです。

小学校六年生になった今でも、

「生きていることと死んでいることは、どこがどうちがうのだろう」

と考え込《こ》んでしまいます。お葬式《そうしき》が終わった後でもよくわからないのです。

お正月の三日間以外はお店を閉《し》めたことのないお父さんが、三日間休みました。

三日目に「本当は死んでから七日目にするんだけど」と言いながら

「初七日《しょなのか》」の行事《ぎょうじ》をしました。お坊《ぼう》さんがお経《きょう》をあげて帰っていった後、
親類《しんるい》のおじさんやおばさん、近所の人たちと一緒《いっしょ》に食事をしました。

その時初めて、男の子はおばあさんが、
お母さんの母親ではなく、お父さんの母親だと知りました。
男の子は、おばあさんはお母さんの母親だとずっと思っていたので驚《おどろ》きました。

亡《な》くなって四十九日《しじゅうくにち》目には「忌明《きあ》け」というのをしました。
初七日の行事の時よりもっとたくさんの人が集まって、

おばあさんのことを話しました。

男の子の知らない、おばあさんの若《わか》かった時のことや、

友達と旅行へ行った時、じょうずに踊《おど》ったことを話す人もいました。

初盆《はつぼん》、亡《な》くなったあとに初めて来るお盆にも、次々と人がやってきました。

おばあさんの写真を見て話しかける人もいました。

男の子は、そんな中にいつも一人でポツンと座《すわ》っていましたが、

不思議《ふしぎ》なことに、病院《びょういん》で寝《ね》たきりなって、生きているのか死んでいるのかわからない

状態だったおばあさんを次第《しだい》に思い出せなくなりました。

思い出すのは、おばあさんの「お帰り」という大きな声や

ニコニコして男の子の話を聞いてくれる顔でした。

今では、学校から帰ってくると、

男の子は写真に向ってその日の学校での出来事《できごと》を話しています。

4

私が死んだら世界はどうなるのでしょう

世界のあらゆる社会の人びとが、今も昔《むかし》も、
同じように解《と》けない謎《なぞ》に取り組んでいると思われます。
それは、「死んだあとには、自分にとって世界はあるのだろうか。
もしあるとすれば、その世界とは一体《いったい》どんなふうに自分に見えたり、
感じられるものなのだろうか」ということです。

自分が死んでから行く世界についての考え方にはおよそ二通《ふたとお》りあります。
一つは、生きているうちと死んでから後《のち》の世界とはまったく別種《べっしゅ》のもので、
今の世界とは、環境《かんきょう》も時間の流れ方も、そこでの暮《く》らしの内容も
まったくちがったものである、という考え方です。
もう一つには、死後《しご》も、現在の世界と似《に》た世界があり、
ただ、生きている者にとっての世界と
死んでから行く世界とは分けられていて、

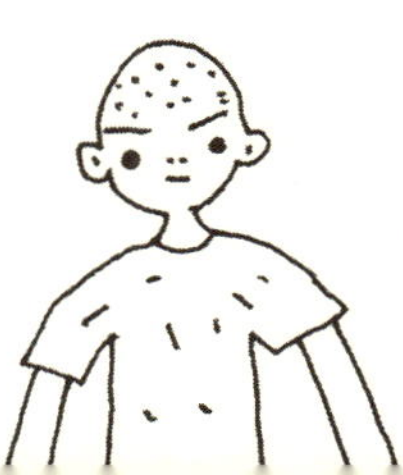

時々、特別な時にだけ、生者《せいじゃ》の世界に死者が戻《もど》ってくるという考え方です。

ある社会の人びとは、一つ目の考え方をして、

二つ目の考え方をまったく持たなかったのかといえば、

必《かなら》ずしもそうではありません。

日本人も、五、六十年前頃までは、

どうやら二つとも持っていたと考えられます。

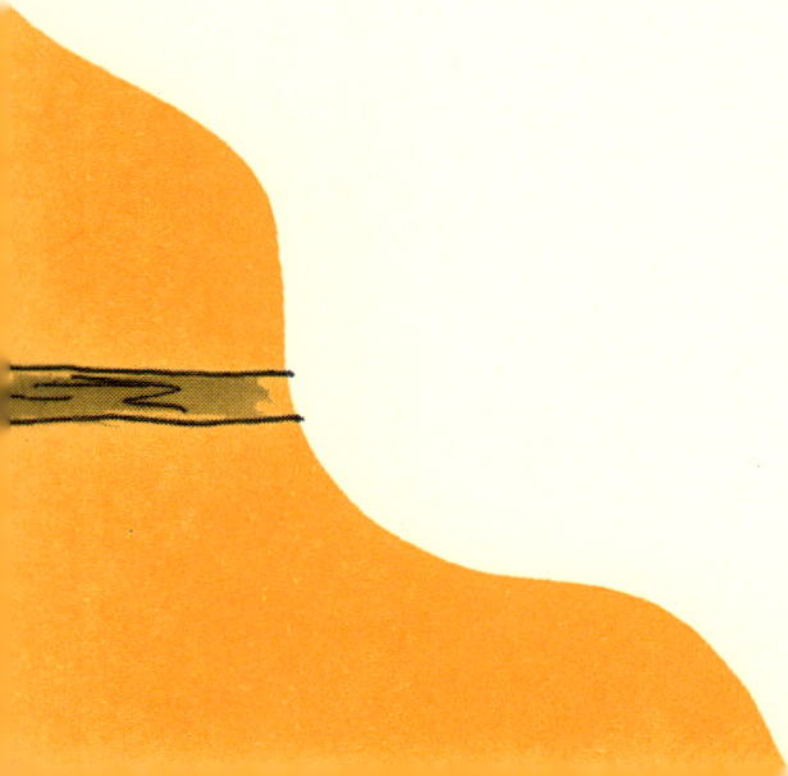

現在でも、八月十三日のお盆《ぼん》の初日には、
墓《はか》や寺院《じいん》の納骨堂《のうこつどう》へ行き、
そこから死んだ家族の霊《れい》を迎《むか》えて
自宅《じたく》の仏壇《ぶつだん》まで案内《あんない》する風習《ふうしゅう》があります。
仏壇には普段《ふだん》よりもたくさんの花や
供物《そなえもの》が飾《かざ》られ、ろうそくに火がともされて、
死者の霊《れい》をもてなします。

盆行事《ぼんぎょうじ》の最後の日の八月十五日には、
再び死者の霊《れい》を「あの世（死者の世界）」へ送り返すために
川や海へ「精霊流《しょうろうなが》し」の船を浮《う》かべたり、
あるいは、寺院《じいん》や墓《はか》に詣《もう》でて、
死者の霊を元の場所へ送っていくなどのことをします。

現在広く行われている盆行事《ぼんぎょうじ》の、

このような行為《こうい》を
「単なる慣習《かんしゅう》であって、特に死者の霊《れい》の存在《そんざい》を意識《いしき》していない」
と言う人もいるでしょうが、
もし、まったく信じていないのなら、
人は決してそのような行為を毎年毎年、時間と労力《ろうりょく》とお金を使って、
行うことはありません。

死者は、生者《せいじゃ》の暮らしをすぐ近くから見ることができる位置《いち》にいて、
その場所はその人が死亡《しぼう》した場所であったり、
遺骨《いこつ》が納《おさ》められている墓《はか》や納骨堂《のうこつどう》であったり、
時には仏壇《ぶつだん》の中や、
すぐ近くに見える山の頂《いただき》であったりすると考えられています。
このように死者は生者《せいじゃ》と同じ世界を分け合って
暮《く》らしているけれども、

生者《せいじゃ》と交わり合うことは決してできなくて、
きわめて明確《めいかく》な線で、
はっきりと分けられているのだ、
と考えられてきたようです。
これが二つ目の死者の世界についての考え方です。

一方、一つ目の死者の世界についての考え方は、仏教《ぶっきょう》が一般《いっぱん》の人びとの間に広がる時に、仏教の僧侶《そうりょ》によって教えられ、多くの日本人はそれを信じていたようです。

人は死ぬと、生前の行為《こうい》のすべてがエンマ様によって調べ上げられて、その結果、極楽《ごくらく》（天国）と地獄《じごく》とに振《ふ》り分けられるというのです。極楽では病気もなく、どんな苦労《くろう》もないまま、美しい音楽とよい香《かお》りが流れる中で、蓮《はす》の花の上で過ごすのですが、

そこでは終わりというものがなく、死はありません。
永遠《えいえん》に生き続けるのです。
地獄《じごく》では、考えられる限《かぎ》りの身体的苦痛《しんたいてきくつう》が「鬼《おに》」によって与えられます。
舌《した》をかん抜《ぬ》きで抜き取られたり、大釜《おおがま》の中で煮《に》られたり、
針《はり》の山に上から落とされて身体《からだ》中が針に刺《さ》し貫《つらぬ》かれたりします。
それでも決して死なず、永遠に苦しみ続けます。
芥川龍之介《あくたがわりゅうのすけ》の小説『地獄変《じごくへん》』の中で、絵師《えし》の良秀《りょうしゅう》が描《えが》いたのが、

人びとのイメージにある地獄《じごく》の様子《ようす》でした。
芥川龍之介《あくたがわりゅうのすけ》は『蜘蛛《くも》の糸』の中でも地獄で死者が苦しむ様子を描いています。
こうした責《せ》め苦《く》の絵のことを「地獄変《じごくへん》」とか「地獄変相《じごくへんそう》」と呼《よ》びました。
そこは終わりのない世界、死というものが存在《そんざい》しない世界であり、
何事《なにごと》についても必ず終わりのある生者《せいじゃ》の世界とは
まったく異《こと》なる世界が存在《そんざい》すると想定《そうてい》しました。

以上は、死んだあとに死者が行く世界についての信仰《しんこう》なのですが、

こうした世界の存在《そんざい》を信じる気持ちは、いったいどこからくるのでしょうか。
それは、そう考えることが、生き残った人の心を落ち着かせてくれるからです。
生き残った人は、死んでしまった人が「死者」として
別の世界で存在し続けていることを信じることによって慰《なぐさ》められることでしょう。
また、やむを得《え》ず自分だけが、先に死んでいくことを知った人は、
生き残った人がそのように信じてくれることによって、
先に死ぬさびしさやむなしさから救《すく》われることでしょう。

ところで最近は、死んでしまうと、
自分の存在《そんざい》はまったく「無《む》」になると考える人たちもいます。
「無」とは「零《ゼロ》」の観念《かんねん》と同じように、
なかなか想像《そうぞう》しにくい状態《じょうたい》です。
死んで「無」になったのに、自分の遺体《いたい》や火葬《かそう》の後の骨《ほね》や灰《はい》などが
後に残っているのは、とても具合《ぐあい》が悪いというので、

親類《しんるい》や友人たちに頼《たの》んで火葬《かそう》の後の自分の骨《ほね》を細《こま》かく砕《くだ》いて、船上《せんじょう》から海へまいてもらう人たちもいます。

実際《じっさい》は、それでも物質《ぶっしつ》としての灰《はい》や骨《ほね》は海中に存在《そんざい》することになるのですが。

「死とは無である」と心から信じ、自分の死後も世界は残ることに、なんのさびしさもむなしさも感じない人びとが社会の大部分を占《し》めるようになれば、「死者」や「死後の世界」の存在を想定《そうてい》する人もなく、ただ、死んだ者は、生き残った人たちの思い出の中にだけ残ることになります。

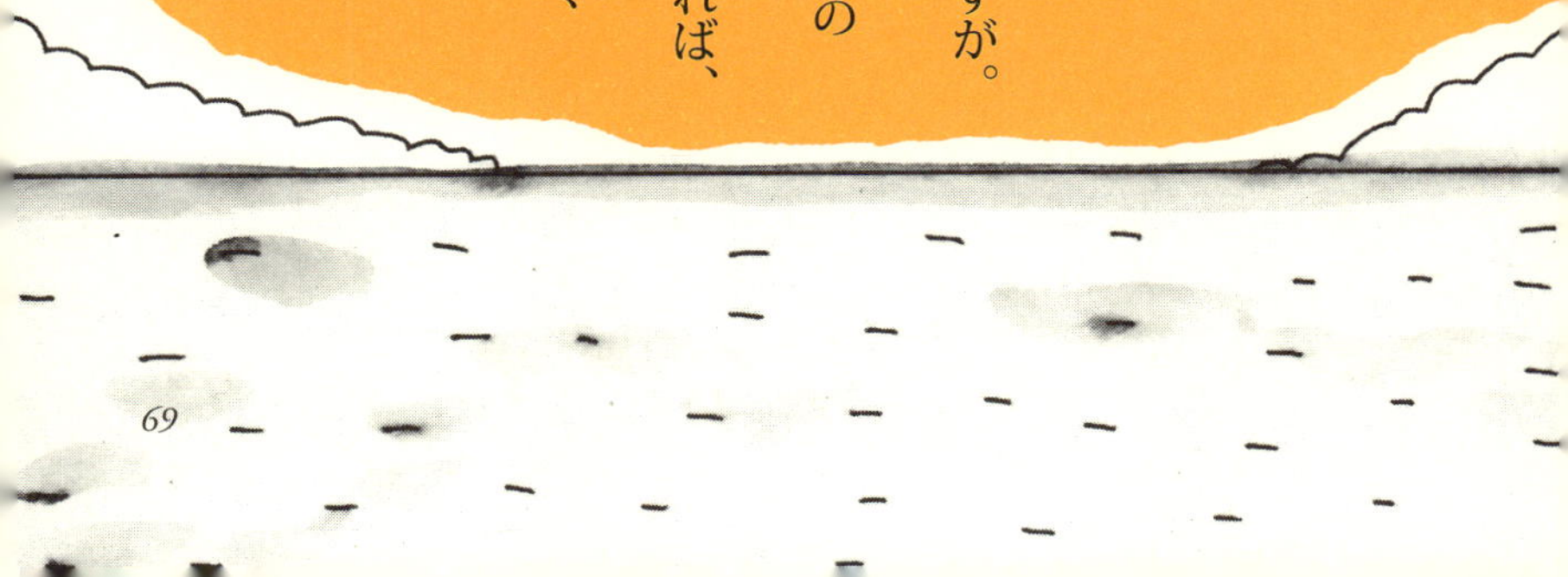

死んでしまえば、個人《こじん》にとって、
それまで生きてきた世界は終わります。

しかし、その世界は、
自分がいなくなっても変わることなく続いていきます。
自分一人の存在《そんざい》が無《む》になったからといって、
世界はなにも変わらないと考える時、
人は自分の存在の小ささを思い知ることでしょう。

しかし同時に、喜《よろこ》んだり悲《かな》しんだりしながら生きている
自分の人生の意味や価値《かち》を考えないではいられません。

5
生きることを豊かにしてくれる二つの時間

時間とはなんでしょう。

哲学的《てつがくてき》な問いかけでもあるし、

物理学《ぶつりがく》の問題でもあります。

しかし、私たちは普段《ふだん》の生活の中で、

そんなに難《むずか》しいことは考えず、

社会的な約束《やくそく》ごとのひとつぐらいに思い、

「あしたの夕方四時にいつものところで会おう」などと言います。

四時という時刻《じこく》はひとつの印《しるし》です。
そして、皆《みな》同じ印《しるし》を持っていて、
あなたの友人の四時とあなたの四時とは、
同じ時間の流れの中につけられた印であって、
時の流れの速度《そくど》も同じなら、
印づけられる場所も同じです。
だからこそ、社会はスムースに動いているといえます。

しかし、次のような場面《ばめん》では、時間はまったく異《こと》なる意味を持ちます。

ある人が身体《からだ》の調子《ちょうし》が悪くて病院へ行き、さまざまな検査《けんさ》のあと診察室《しんさつしつ》で、

お医者《いしゃ》さんが「お気の毒《どく》ですが、あなたは、たいへん重い病気にかかっていて、

どんなに長くても、あと四か月の生命《いのち》しか残っていません。残りの人生を、

あなたにとって有意義《ゆういぎ》に過《す》ごしてください」と言ったとします。

それからのその人にとっての時間は、常《つね》に引き算であり、

しかも、引かれる数は一定であっても、休むことなく引かれていく、

そのようなものとして意識《いしき》されます。

「残っているのは、あと何か月と何日と何時間と何分と何秒」というように。

しかも、そのように数えている間にも、絶《た》えず引き算は行われ、残された数字はどんどん少なくなっていくのです。

その人にとっての時間は、他の人にとっての時間の流れとは異なる速度で流れていきます。なによりも「時間」の質《しつ》が異なるでしょう。

予告《よこく》された死の時は、

社会的な約束事《やくそくごと》としての刻《きざ》み目ではなく、

その人にとっては、それはすべての終わり、

その人にとっての世界の終わりです。

自分が死んだあとも、

自分の家族も、恋人《こいびと》も、友人も、

世界の大部分が生き続けるのであり、
世界は存在《そんざい》し続けることはわかっていても、
その人にとっては、
その世界が存在しないのと同じであり、
まさに「この世の終わり」です。

これほど劇的《げきてき》に自分の死が予告《よこく》されなくても、
自分の死がそれほど遠くないことに気づいた時に、
人は、自分にとっての時間と、
他の人たちにとっての時間とは
別種《べっしゅ》の時間が存在《そんざい》すると感じるようになります。

この場合《ばあい》には、時間は、
はるかかなたから流れてきて、
永遠《えいえん》のかなたに流れていく、
そのようなものとして、
イメージされています。
同じ時は二度と訪《おとず》れてはこないのです。

しかし、私たちは別《べつ》の種類《しゅるい》の時間のイメージも持っています。

それは、ある一定《いってい》の間隔《かんかく》で、まったく同じ時間が再《ふたた》びめぐってきて、

そして、そのくりかえしが永遠《えいえん》に続くというイメージです。

そのような時間のイメージをよく示《しめ》すものが年中行事《ねんちゅうぎょうじ》です。

ある時刻《じこく》から数え始めて、一定の長さが過《す》ぎると、

そこではまったく同じ種類の時間が流れているというイメージです。

元旦《がんたん》は一年の始まりであり、十二月三十一日は一年の終わりです。

正月《しょうがつ》には、一日（元旦《がんたん》）、二日、三日、七日、十五日それぞれに行うべき行事《ぎょうじ》があり、
その行事が、かつてはあまりにも大切《たいせつ》なものとみなされていたので、
その行事をすまさないと、
まるでその時間が流れてこないかのように考えられていました。
「煤《すす》はきをしないと正月がこない」「餅《もち》つきをしないと正月がこない」
「盆道《ぼんみち》を切って墓掃除《はかそうじ》をしないと盆がこない」ということを、現在生きていれば
百歳《さい》になる人たちは、本気で考えて、一生《いっしょう》を過ごしていたといえます。

「煤《すす》はき」とは、

一年に一回の家の隅《すみ》から隅まで行う大掃除《おおそうじ》のことです。

昔《むかし》はいろりやかまどで火を燃《も》やしたので、

天井《てんじょう》や天井裏に多量の煤《すす》がつきました。

それを竹ぼうきなどで払い落としたので、

一家中《いっかじゅう》の人が一日がかりで行う大掃除でした。

「盆道《ぼんみち》を切る」というのは、

その家で亡《な》くなったおじいさんやおばあさん、
そのまた親や、またまた親たちの魂《たましい》は山の上にいて、
そこから日頃《ひごろ》は子孫《しそん》の暮《く》らしを見ているが、
盆《ぼん》には家へ戻《もど》ってくる、
そのための道づくりのことです。
具体的《ぐたいてき》には、自分の家に近い山の、ある高さまで、
ふもとから草を切っておくことでした。

春の彼岸《ひがん》、秋の彼岸（それぞれに春分《しゅんぶん》の日と秋分《しゅうぶん》の日をはさんだ一週間をいう）、
三月三日のひなの節句《せっく》、五月五日の端午《たんご》の節句などには、
神さま仏さまに供《そな》える品物、作る料理、家のしつらえ（家の建具《たてぐ》や飾《かざ》り物などで、
家屋《かおく》の内部の様子《ようす》を変えること）がそれぞれに決まっていて、
人びとの生活のリズムは、その年中行事《ねんちゅうぎょうじ》にむかって準備《じゅんび》し、
その行事をとどこおりなくすませることに努力しました。

こうしたことを通して、
人びとは循環《じゅんかん》する時間の流れ、
つまり一定の時間の長さがたつと、
まったく同じ時間がやってくるという、
時についてのイメージを作り上げたのです。

このように、二種類《しゅるい》のまったく異《こと》なる時間の流れをイメージしながら、
それをうまく組み合わせながら、
人びとは一生《いっしょう》を過ごしていたと考えられます。

つらい時、苦しい時、

人はずっとそのような時間が続くと思いがちですが、
太陽が沈《しず》むと翌朝《よくあさ》また太陽が昇《のぼ》るように、
一定の時間が流れると、
その後にはまったく新しい時間が始まると考えると、
人生をちがう方角《ほうがく》から見ることもできるのではないでしょうか。

著者からあなたへ

ここに紹介《しょうかい》した話は、私の長年の調査《ちょうさ》の中で聞かせてもらった沢山《たくさん》のお話や私自身の子どもの頃《ころ》の話が元になっています。

私は、長い間、文化人類学《ぶんかじんるいがく》という学問《がくもん》を研究《けんきゅう》し、大学で教えてきました。文化人類学というと、あまりなじみがないかもしれませんが、みなさんが学んだことのある総合学《そうごうがく》習《しゅう》という科目とよく似《に》ています。総合学習で行ったように、地域《ちいき》の人びとの生活や仕事を実際《じっさい》に見せてもらったり、直接《ちょくせつ》話を聞いたりして、それまでの生活を見直《みなお》したり、考えを深《ふか》めたりする学問です。

私は、四十年以上前に文化人類学《ぶんかじんるいがく》に触《ふ》れて、その面白《おもしろ》さと奥《おく》の深《ふか》さにひかれて、六十歳《さい》を越えた今でも、毎年、一年間に何十日も調査《ちょうさ》に出かけたり、本を読んだりしながら勉強《べんきょう》を続けています。

勉強すればするほど「人間ってなんて面白いのだろう」そして「人間ってなんて素晴《すば》らしいんだろう」と思わずにはいられません。それは、人間がもっているさまざまな能《のう》力《りょく》や知恵《ちえ》に驚《おどろ》かされるからです。

たとえば、同じ日本語を話し、同じテレビ番組《ばんぐみ》を見ていても、私の考え方やものの見方とはまったく違《ちが》う人たちの話を聞くと、そのたびに驚きます。日本国内でもそうですから、世界には、もっともっと沢山《たくさん》の違う生き方、考え方、ものの見方をする人たちがいます。

この本のテーマ「いのち」についても、同じことが言えます。同じ日本人でも、今の私たちの考え方と五十年くらい前の人たちの考え方にも、いろいろな違《ちが》いが見つかります。

たとえば、この本に収《おさ》められている「いのちはあなただけのものではありません」にあるように、現在《げんざい》の日本人は、一人ひとりのいのちは、その人が死ぬとその人と共《とも》になくなると考えていますが、かつて、多くの日本人は、幼《おさな》いうちに死んだ子のいのちは次《つ》ぎに生まれてくる子に引き継《つ》がれると考えていました。

このように、自分とは違う生き方や考え方をする人たちがいることを考えてみることは、大切《たいせつ》なことです。その人たちの生き方を具体的《ぐたいてき》に細《こま》かく知ることをとおして、私たちは他《ほか》の人たちに本当の意味《いみ》で、思いやりの気持ちをもつことができるのではないでしょうか。
思いやりや理解《りかい》は、相手《あいて》のことをよく知ることなしには、難《むずか》しいことだと思います。そして、自分の考え方や行動《こうどう》について見直《みなお》したり、時には反省《はんせい》することもできるのです。毎日自分《じぶん》が見ている生活、自分自身が送っている生活とは違《ちが》う生活を送っている沢山《たくさん》の人たちがいると想像《そうぞう》してみませんか。それだけでも、もし、今のあなたが自分の生活がつまらなく思えた時には、少しでもワクワクできるかもしれません。いろんな考え方や生き方を知《し》る面白《おもしろ》さを少しでも感じてもらいたいと思います。

二〇〇七年　秋

波平恵美子

著者　**波平恵美子**（なみひら・えみこ）

1942年、福岡県生まれ。前・日本民族学会会長。九州大学教育学部卒業。1968年からテキサス大学大学院人類学研究科留学（1977年、Ph.D取得）。九州大学大学院博士課程単位取得満期退学。佐賀大学助教授、九州芸術工科大学（現・九州大学）教授、お茶の水女子大学教授を歴任。文化人類学専攻。
主な著書に『病気と治療の文化人類学』（海鳴社）『ケガレの構造』（青土社）『脳死・臓器移植・がん告知』（ベネッセ）『医療人類学入門』『病と死の文化』『日本人の死のかたち』（朝日選書）『いのちの文化人類学』（新潮選書）『暮らしの中の文化人類学・平成版』『生きる力をさがす旅－子ども世界の文化人類学』（出窓社）、編著に教科書として評価の高い『文化人類学』（医学書院）などがある

挿絵　**塚本やすし**（つかもと・やすし）

1965年、東京生まれ。イラストレーター・装幀家。イラストレーター・デザイナーとして数々の賞を受賞。近年は、書籍の装画・児童書の挿画等で活躍している。主な著書（共著）に、『ふたり　おなじ星のうえで』（文・谷川俊太郎・東京書籍）『ジュニア版ルイーゼの星』（カーレン・スーザン フェッセル著・求龍堂）『夏の洞窟』（文・荒川じんぺい・くもん出版）『保健室にいたらだめなの？』（文・こんのひとみ・ポプラ社）『レタスの絵本』（文・つかだもとひさ・農文協）などがある。

図書設計　辻 聡

＊本書は、『生きる力をさがす旅 ── 子ども世界の文化人類学』（波平恵美子著・2001年出窓社刊）から5話を再録し、文章と絵で再構成したものです。なお、再録にあたり、原書の標題と文章表現をよりわかりやすく改めた箇所があります。

DMD

出窓社は、未知なる世界へ張り出し
視野を広げ、生活に潤いと充足感を
もたらす好奇心の中継地をめざします。

10歳からの生きる力をさがす旅①
いのちってなんだろう

2007年10月22日　初版印刷
2007年11月6日　第1刷発行

著　者　波平恵美子（文）
　　　　塚本やすし（絵）
発行者　矢熊 晃
発行所　株式会社 出窓社
東京都武蔵野市吉祥寺南町 1-18-7-303 〒180-0003
電　話　0422-72-8752
ファクシミリ　0422-72-8754
振　替　00110-6-16880

印刷・製本　株式会社 シナノ

ISBN978-4-931178-61-8

かんがえるえほん

10歳からの生きる力をさがす旅シリーズ

波平恵美子・文　塚本やすし・絵

---

①いのちってなんだろう

四六判・96ページ・定価1050円

②きみは一人ぽっちじゃないよ

四六判・96ページ・定価1050円

（以下続刊）

＊定価は税込